Hiltrud Pitz-Thissen

Kerzen mit dem
Candle - Pen

AUGUSTUS

Inhalt

Material und Werkzeug

Was ist ein Candle-Pen?

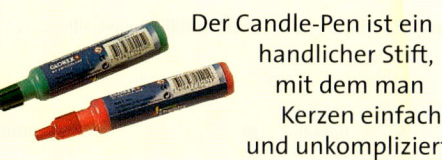

Der Candle-Pen ist ein handlicher Stift, mit dem man Kerzen einfach und unkompliziert bemalen kann. Er enthält Flüssigwachs auf Wasserbasis. Das sorgt für das rußfreie Abbrennen der Farben auf den Kerzen.

Der Umwelt zuliebe wurde bei der Produktion auf chemische Trockenbeschleuniger verzichtet, was die Trockenzeit von etwa 20 Stunden erklärt. Benutzt man einen Pinsel, sind die Farben allerdings wesentlich früher trocken (bei Raumtemperatur meist schon nach 30 Minuten).

Praktisch zu handhaben bietet der Candle-Pen vielfältige Gestaltungs- und Einsatzmöglichkeiten. Er ist hervorragend für jede beliebige Dekoration und Malerei auf Kerzen und anderen Wachsteilen geeignet, beispielsweise für Beschriftungen, Konturen und Mar-

moriereffekte. Außerdem kann man die mit dem Candle-Pen gemalte Dekoration sehr gut mit allen im Handel zu findenden Wachs- und Verzierelementen kombinieren.

Material und Zubehör

Das wird gebraucht

Candle-Pens in verschiedenen Farben
Kerzen (unlackiert)
Verzierwachsplatten, Verzierwachsband
Kerzenlack
Tupfschwamm, -pinsel
Wachsmalvernetzer zum Reinigen
   der Pinsel
Motivservietten, Serviettenkleber
Rund- und Borstenpinsel, Brushpinsel
Transferfolie
Küchenkrepp, Alufolie
Glitzer
kleine Schere, Kugelschreiber
Finelinerspitze für Candle-Pens
Zahnstocher

Technik

Generell werden zum Bemalen un-
lackierte Kerzen verwendet. Auch
selbst gegossene Kerzen können bemalt werden.

So überträgt man die Vorlagen

Kopieren oder pausen Sie das gewünschte Motiv von der Malvorlage
ab und schneiden Sie es grob aus. Befestigen Sie es dann mit dem Krepp-
band auf der Kerze und fahren Sie die
Umrisse mit dem Kugelschreiber auf
der Vorlage nach, sodass sie auf die
Kerze durchgedrückt werden.

Transfertechnik

Wenn man mit der Transferfolie (in
Gold und Silber erhältlich) arbeiten
möchte, legt man diese mit der matten
Seite nach unten unter das Motiv und
schneidet die Vorlage und die Folie grob
aus. Danach werden die Folie und das
Motiv zusammen auf die Kerze geklebt,
stramm gezogen und das Motiv mit
dem Kugelschreiber kräftig durchgedrückt. Die Transferfolie kann auch zum
Übertragen frei gemalter Motive (ohne
Malvorlage) verwendet werden. Nach
dem Bemalen und Trocknen der Kerzen
können Glanzeffekte gesetzt oder Beschriftungen angebracht werden.

Serviettentechnik

Die Serviettentechnik ist nur auf hellen
Kerzen möglich. Schneiden Sie dazu aus
einer Serviette das gewünschte Motiv
aus. Entfernen Sie die beiden unteren
Schichten der Serviette und kleben Sie

das Motiv mit Serviettenkleber für Kerzen auf die Kerze. Nun muss der Kleber
etwa zehn Minuten lang trocknen. Danach versiegeln Sie das Motiv, indem
Sie noch einmal mit dem Kleber darü-
ber streichen.

Möchten Sie auch bei dieser Technik eine Kerze in dunkler Farbe erhalten, können Sie die helle Kerze nachträglich
dunkel einfärben. Dazu nehmen Sie einen Pinsel zur Hilfe und malen mit der
entsprechenden dunklen Farbe aus dem
Candle-Pen um das Motiv herum. Ein
Beispiel dafür ist die Sushi-Kerze auf
Seite 19. Sie war ursprünglich weiß und
wurde nach dem Aufkleben der Servietten um das Motiv herum mit dem Pinsel schwarz eingefärbt.

So wird gemalt

Entfernen Sie die Vorlage von der Kerze
und ziehen Sie die eingedrückten Linien
mit dem Candle-Pen nach. Beim Auftra-
gen der Farbe wird die Spitze des Pens
knapp über die Kerze gehalten. Halten
Sie den Stift locker in der Hand, durch
leichten Druck auf die Malflasche fließt
das Wachs heraus. Feine Linien werden
mit Hilfe einer Finelinerspitze gemalt,
die man auf den Candle-Pen aufschrau-
ben kann.

Malen mit dem Pinsel

Um eine größere Fläche gut mit Farbe
abzudecken, verwenden Sie am besten
einen Pinsel. Spritzen Sie dazu eine
kleine Menge Flüssigwachs direkt auf
die Kerze und vermalen Sie das Wachs
anschließend mit dem Pinsel. Sollen
mehrere Farben gemischt werden, sprit-

zen Sie die Farben auf ein Stück Alufolie und vermischen sie dort mit der Pinselspitze oder einem Zahnstocher. Wenn Sie eine Kerze betupfen wollen, geben Sie die Farbe ebenfalls vorher auf Alufolie.

Dann ziehen Sie mit einem Zahnstocher das Muster hinein. Zum Schluss wird etwas Glitzer über den Fisch gestreut.

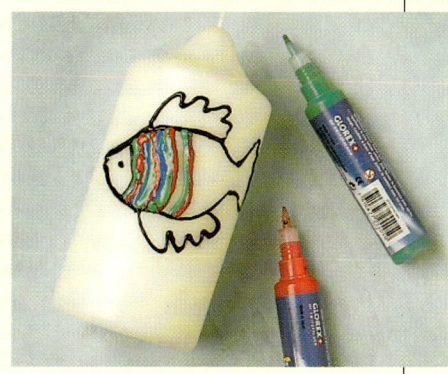

● Tipp ●

Es empfiehlt sich, die Candle-Pen-Spitze nach Gebrauch mit Küchenkrepp zu reinigen und den Stift sofort zu verschließen. Sollte die Malspitze dennoch einmal verstopfen, kann sie mit einer feinen Stecknadel wieder durchlässig gemacht werden.

Marmorieren

Malen Sie die Konturen des Fisches und lassen Sie sie etwa eine Stunde lang trocknen. Anschließend nehmen Sie drei weitere Farben und malen der Abbildung entsprechend Streifen auf den Fisch.

● Tipp ●

Wenn Sie sich einmal vermalt haben, können Sie die Stelle unmittelbar danach mit einem in Wachsmalvernetzer getauchten Wattestäbchen reinigen. Entdecken Sie den Fehler erst in getrocknetem Zustand, lässt er sich mit einem feinen, scharfen Messer einfach abschaben.

Gruß aus dem Meer

Fröhlich bunte Fische auf einer frischen blauen Kerze machen Urlaubslaune.

Vorlagen siehe Vorlagenbogen

Das wird gebraucht

weiße Kerze (19 cm hoch, 8 cm Ø)
Candle-Pen in Weiß, Gelb, Orange, Rot,
   Blau, Grün und Schwarz
Tupfschwamm
Glitzer in Gold, Silber und Perlmutt
Zahnstocher

So wird's gemacht

Für den Meereshintergrund spritzen Sie etwas Blau und Grün auf ein Stück Alufolie. Vermischen Sie die beiden Farben mit dem Schwamm und betupfen Sie die Kerze damit.

Übertragen Sie nach dem Trocknen der getupften Farbe die Fische von der Vorlage auf die Kerze (siehe Seite 4). Dann werden die Wellen gemalt und mit Perlmutt- und Goldglitzer versehen (siehe Profi-Tipp).

Nach dem Trocknen malen Sie die Fische weiter. Die Konturen werden mit Schwarz nachgezogen, der Körper des oberen Fisches wird in Rot, Gelb und Schwarz marmoriert (siehe Seite 5), der Schwanz in Gelb und Schwarz gemalt.

Um die Flossen schön federig erscheinen zu lassen, wird die Farbe mit dem Zahnstocher über das Schwanzende hinausgezogen. In die Flossen streuen Sie vorsichtig etwas Silberglitzer.

Der Körper des unteren Fisches wird aus lauter Punkten gemalt. Wenn die Kerze glänzen soll, überziehen Sie sie nach dem Trocknen mit Kerzenlack.

Happy Birthday

Ob jung, ob alt – Kerzen dürfen auf keinem Geburtstagstisch fehlen! Fröhliche Motive wie Luftballons, lustige Strichmännchen und Glückskäfer passen zum Anlass. Wie wäre es also mit einer Kerze statt Karte?

Vorlagen siehe Vorlagenbogen

Fröhliche Luftballons

So wird's gemacht

Übertragen Sie die Luftballons von der Vorlage auf die Kerze und malen Sie mit Weiß die Lichtpunkte und die Striche, die glitzern sollen. Streuen Sie dann den Glitzer auf die weiße Farbe. Nach dem Trock-

nen malen Sie die Konturen der Ballons. Lassen Sie die Farbe wiederum trocknen und malen Sie nun mit dem Pinsel die Ballons aus. Die Ballonschleifen und der Schriftzug werden direkt mit den Candle-Pens auf die Kerze aufgetragen.

Strichmännchen

So wird's gemacht

Übertragen Sie das Motiv von der Vorlage auf die Kerze und malen Sie mit dem schwarzen Candle-Pen die Konturen der Sonne und des Strichmännchens auf. Nachdem die Konturen getrocknet sind, marmorieren Sie das Kleid des

---

Das wird gebraucht

cremefarbene Kerze (11 cm hoch, 5,5 cm Ø)
Candle-Pen in Weiß, Orange, Rot, Blau, Hellgrün, Grün und Schwarz
Rundpinsel (Stärke 6)
Glitzer in Gold

Das wird gebraucht

cremefarbene Kerze (11 cm hoch,
5,5 cm Ø)
Candle-Pen in Weiß, Gelb, Orange,
Apricot, Rot, Hellblau, Blau, Grün und
Schwarz
Glitzer in Gold
Zahnstocher

Viel Glück!

Das wird gebraucht

cremefarbene Kerze (11 cm hoch, 5 cm Ø)
Candle-Pen in Weiß, Rot, Blau, Schwarz
Rundpinsel (Stärke 6)

Mädchens von oben nach unten in
Weiß, Gelb und Rot und den Anzug des
Jungen von links nach rechts in Hellblau
und Blau (siehe Seite 5). Auf die Roll-
schuhe wird etwas Goldglitzer gestreut.
Zuletzt wird die Sonne ausgemalt und
nach Belieben Blumen oder Ähnliches
hinzugefügt.

So wird's gemacht

Malen Sie mit dem Pinsel und dem
blauen Candle-Pen wie auf der Abbildung einige Streifen auf die Kerze. Nach
dem Trocknen malen Sie in Rot die Körper der Marienkäfer. Lassen Sie auch
diese gut trocknen und fügen Sie dann
mit Schwarz den Streifen in der Mitte,
die Punkte und die Fühler hinzu. Bei den
beiden kleinen Käfern oben auf der Kerze wird nach dem Trocknen der ersten
roten Schicht eine möglichst dicke
zweite Schicht aufgetragen, um sie
plastischer wirken zu lassen. Je nach
Belieben kann die Kerze nach dem
Trocknen lackiert werden.

● Tipp ●

Reinigen Sie ihre Pinsel gleich nach
Gebrauch unter fließendem Was-
ser. Die noch verbleibenden Rück-
stände werden mit Wachsmalvernetzer entfernt.

Buntes Osterallerlei

Mit hübsch verzierten leuchtenden Eiern kann man der Ostertafel einen besonderen Glanz verleihen.

Mustermix in Blautönen

Das wird gebraucht

weiße Eierkerze (12 cm hoch)
Candle-Pen in Violett, Hellblau, Blau und Grün
Glitzer in Blau und Perlmutt
Rundpinsel (Stärke 6)

So wird's gemacht

Malen Sie mit dem blauen Candle-Pen ein Fantasiemuster aus Vierecken, Dreiecken und so weiter auf die Kerze. Versehen Sie die Konturen mit Glitzer (siehe Profi-Tipp). Nach dem Trocknen malen Sie zuerst die Felder, die in Perlmutt glitzern sollen, mit dem Pinsel aus und streuen dann den Glitzer hinein. Nach dem Trocknen entfernen Sie den Glitzer aus den übrigen Feldern und malen sie mit Farbe aus. Dabei werden einige Felder marmoriert (siehe Seite 5) und einige mit zwei Farben ausgemalt, die mit dem Pinsel direkt im Feld vermischt werden.

Schnelle Eierkerze

Das wird gebraucht

weiße Eierkerze (6 cm hoch)
Candle-Pen in Rot, Hellblau, Blau, Grün
Verzierwachsband in Gold
Rundpinsel (Stärke 6)

So wird's gemacht

Unterteilen Sie die Kerze mit dem Verzierwachsband vom Docht bis zum Fuß
in vier Abschnitte.

Danach tragen Sie mit dem Pinsel die
Farben für die einzelnen Abschnitte auf.

Jedem sein Ei

So wird's gemacht

Schreiben Sie die Namen mit dem
Candle-Pen auf die Kerzen. Dann setzen
Sie an die Stellen, wo später die Blüten
sein sollen, jeweils einen gelben Punkt.
Vollenden Sie die Blüten, indem Sie
weiße Punkte um jeden der drei gelben
Punkte gruppieren.

Das wird gebraucht

3 Eierkerzen (6 cm hoch) in den Farben
   Gelb, Grün und Blau
Candle-Pen in Weiß, Gelb, Rot, Blau,
   Grün

Edle Muster mit Gold

Gold verleiht eine besondere Note – hier veredelt es geometrische und plastische Muster.

Geometrische Formen

So wird's gemacht

Schneiden Sie aus der Verzierwachsplatte Streifen, Dreiecke und Vierecke aus und arrangieren Sie diese auf der Kerze. Die Zwischenräume füllen Sie mit dem grünen und dem blauen Candle-Pen aus und vermischen die Farben mit der Malspitze.

Anschließend malen Sie noch Striche und Punkte auf die goldenen Flächen. Nach Wunsch lackieren.

Strukturierte Flächen

So wird's gemacht

Kleben Sie die Verzierwachsbänder wie auf der Abbildung auf die Kerze und unterteilen Sie sie so in Felder.

Um die Struktur zu erhalten, spritzen Sie mit dem Candle-Pen zwei Farben in jedes Feld und vermischen diese mit dem Pinsel so lange, bis Sie einen unregelmäßigen Farbauftrag erhalten.

Für diese Technik wird mehr Farbe als üblich benötigt.

• Tipp •

Malen Sie zuerst immer nur eine Seite der Kerze an und lassen Sie sie trocknen. Das macht das Bemalen der anderen Seite viel einfacher, da Sie die Kerze besser festhalten können und nicht in Gefahr kommen, Ihre Arbeit nachträglich zu ruinieren.

Tausendundeine Nacht

Spiegel und goldene Kringel verleihen ein orientalisches Ambiente.

Vorlagen siehe Vorlagenbogen

Spiegelnder Lichterglanz

Das wird gebraucht

Cremefarbene, quadratische Kerze
(10 cm hoch)
Candle-Pen in Gold und Antikgold
60 kleine, quadratische Spiegel (Seiten-
länge 1,5 cm; aus dem Bastelhandel)

So wird's gemacht

Bemalen Sie den unteren Teil der Kerze flächig mit dem goldfarbenen Candle-Pen und arrangieren Sie darauf die Spiegel (der Candle-Pen dient hier als Kleber für die Spiegel).

Nach dem Trocknen umranden Sie die Spiegel noch einmal mit dem goldenen Candle-Pen, um eine plastische Wirkung zu erzielen.

Auf den oberen Teil der Kerze malen Sie goldene Vierecke und umranden sie mit dem antikgoldfarbenen Candle-Pen.

Goldene Kringel auf samtigem Rot

Das wird gebraucht

rote Kugelkerze (8 cm hoch, 8 cm Ø)
Candle-Pen in Gold und Antikgold

So wird's gemacht

Malen Sie zuerst die Spiralen auf die Kerze – einige in Gold, einige in Antikgold. Nach dem Trocknen verzieren Sie die Spiralen zusätzlich mit Punkten und Tropfen.

• Tipp •

Falls keine Spiegel erhältlich sind, können Sie auch selbstklebende Spiegelfolie verwenden, die Sie sich entsprechend zurechtschneiden.

Traditionelle Kerzen für Familienfeste

Taufe, Kommunion, Konfirmation und Hochzeit – zu diesen Anlässen wird eine Kerze entzündet. Selbstgemacht ist sie ein besonders persönliches Geschenk und eine schöne Erinnerung an den großen Tag.

Vorlagen siehe
Vorlagenbogen

Taufkerze

Das wird gebraucht

cremefarbene Kerze (38 cm hoch,
   3,5 cm Ø)
Candle-Pen in Blaumetallic, Blau, Grün,
   Gold und Antikgold
Serviette mit Bärchenmotiv
Serviettenkleber
Glitzer in Gold

So wird's gemacht

Schneiden Sie das Bärchen aus der Serviette aus und kleben Sie es auf die Kerze (siehe Seite 4). Malen Sie das Schild oberhalb des Bärchens mit Gold aus. Nach dem Trocknen malen Sie mit dem goldenen Candle-Pen das Innere des Schildes aus, ebenso die senkrechte Bordüre (siehe Vorlage). Nach erneutem Trocknen beschriften Sie das Schild und dann die Kerze mit Namen und Datum der Geburt.

Zur Kommunion

Das wird gebraucht

weiße Kerze (40 cm hoch, 4 cm Ø)
Candle-Pen in Weiß, Gelb, Grün, Hell-
    grün
Verzierwachsband in Gold
Verzierwachsdekor Pax-Zeichen
    (8,5 cm hoch)
Verzierwachsdekor Taube

So wird's gemacht

Platzieren Sie zuerst die Taube und das Pax-Zeichen auf der Kerze. Dann befestigen Sie von unten beginnend 15 cm von dem goldfarbenen Verzierwachsband unterhalb des Pax-Zeichens. Malen Sie mit dem grünen Candle-Pen den Namen und das Datum auf, dazwischen setzen Sie grüne und weiße Pünktchen. Um das goldene Verzierwachsband soll sich die Ranke winden (siehe Vorlage). Dazu malen Sie nur bei jeder zweiten Windung über das goldene Band hinüber. Mit Grün und Hellgrün werden die Blätter gemalt, mischen Sie die Farben vorsichtig mit der Spitze des Candle-Pens. Anschließend malen Sie mit Gelb und Weiß die Blümchen.

Zur Konfirmation

So wird's gemacht

Lassen Sie von einem Foto des Konfirmanden eine Farbkopie auf dünnes, weißes Papier machen. Markieren Sie die zu beklebende Fläche auf der Kerze,

Das wird gebraucht

cremefarbene Kerze (23,5 cm hoch,
    5 cm Ø)
Candle-Pen in Rot und Gold
Verzierwachsband in Gold
Borstenpinsel (2 cm breit)
Wachsdekordreieck
Farbkopie, Serviettenkleber für Kerzen
Zahnstocher

indem Sie das Foto auf die gewünschte Stelle legen, sie mit einem Zahnstocher umranden und leicht einritzen. Streichen Sie den Kleber mit einem Pinsel auf und kleben Sie das Bild wie bei der Serviettentechnik (siehe Seite 4) auf. Umranden Sie das Bild mit den Verzierwachsbändern. Anschließend fügen Sie den Namen des Konfirmanden hinzu und kleben das Wachsdekordreieck darunter.

Zur Hochzeit

Das wird gebraucht

cremefarbene Kerze (23,5 cm hoch, 5 cm Ø)
Candle-Pen in Grün, Blau und Gold
Verzierwachsband in Gold

So wird's gemacht

Kleben Sie das Verzierwachsband auf die Kerze. Danach werden die Namen und Eheringe aufgemalt. Zum Schluss wird die Kerze noch mit den grünen und goldenen Punkten verziert.

Asiatisches Flair

Kunstvolle Schriftzeichen, stilisierte Mandelblüten oder so raffinierte Speisen wie Sushi – Fernöstliches übt eine besondere Faszination aus.

Vorlagen siehe Vorlagenbogen

Botschaft aus China

So wird's gemacht

Spritzen Sie aus dem schwarzen Candle-Pen Farbe auf die Kerze und malen Sie sie mit dem Pinsel flächig an. Warten Sie, bis die Farbe trocken ist. Da diese Kerze strukturiert ist, lassen sich keine Motive durchpausen. Wenn Sie sich nicht trauen, die Motive freihändig abzumalen, nehmen Sie lieber eine glatte Kerze. Malen Sie mit dem weißen Candle-Pen die chinesischen Schriftzeichen nach. Je nach Belieben können Sie die Kerze nach dem Trocknen noch lackieren.

Das wird gebraucht

quadratische, weiße Kerze (7 cm hoch)
Candle-Pen in Weiß und Schwarz
Borstenpinsel (2 cm breit)

● Tipp ●

Schwarze Kerzen sind schwer erhältlich. Mit einem Candle-Pen können Sie sich schnell und preiswert schwarze Kerzen selber machen.

Sushi-Kerze

Das wird gebraucht

eine »schiefe«, cremefarbene Kerze
  (8 cm hoch, 4 cm breit)
Candle-Pen in Schwarz
Sushi-Serviette
Serviettenkleber für Kerzen
Rundpinsel (Stärke 6)

So wird's gemacht

Schneiden Sie 14 Sushis aus der Serviette aus und kleben Sie diese wie auf Seite 4 beschrieben auf. Nach dem Versiegeln und Trocknen malen Sie die Zwischenräume mit dem Pinsel bewusst unregelmäßig aus, um der Kerze die Struktur der Seetangblätter zu verleihen, mit denen die »echten« Sushis umwickelt sind.

Das wird gebraucht

weiße, geriffelte Kerze (9 cm hoch,
  10 cm Ø)
Candle-Pen in Schwarz und Silber
Borstenpinsel (2 cm breit)

Schwarz auf Weiß

So wird's gemacht

Auf dem Foto wurde das Blütenmotiv des Halters auf die Kerze übertragen. Vielleicht finden Sie einen ähnlichen schwarzen Kerzenhalter, oder aber Sie malen Fantasieblumen. Die Blütenblätter werden mit dem schwarzen Candle-Pen gemalt. Nach dem Trocknen umranden Sie die Blätter mit dem silberfarbenen Candle-Pen und setzen einen Punkt in die Mitte der Blüte. Für die kontrastierende Oberseite der Kerze tragen Sie mit dem Pinsel das Schwarz auf.

Raubtierlook

Fertigen Sie Ihre Kerzen passend zu den Servietten. Raubtiermuster gibt es in vielen Variationen.

Das wird gebraucht

2 cremefarbene Kerzen (11 cm hoch, 5,5 cm Ø)
Candle-Pen in Gelb, Orange, Braun, Schwarz
Tupfschwamm
Brushpinsel (Größe 2)

So wird's gemacht

Für die gefleckte Kerze malen Sie zuerst die schwarzen und orangefarbenen Streifen und lassen diese gut trocknen.

Der Hintergrund der Flecken wird in der oberen Hälfte der Kerze aus Gelb und Orange gemischt. Spritzen Sie die Farben auf ein Stück Alufolie und tupfen Sie die Mischung mit dem Pinsel auf die Kerze.

Für den unteren Teil mischen Sie Orange und Braun; auch der Deckel der Kerze wird mit dieser Mischung betupft. Nach dem Trocknen malen Sie entsprechend Ihrer Serviette das Tierfellmuster auf.

Für die zweite, schlichte Kerze geben Sie Gelb auf ein Stück Alufolie, betupfen die Kerze und mischen auf der Alufolie nach und nach die anderen Farben hinzu.

Süßes Mäuschen

Diese lustige Maus mit Schwimmring sieht schwieriger aus, als sie ist. Mithilfe der Vorlage können Sie die Kerze leicht nacharbeiten.

Vorlagen siehe Vorlagenbogen

So wird's gemacht

Übertragen Sie das Motiv auf die Kerze (siehe Seite 4). Für die Maus geben Sie fünf Teile Weiß und ein Teil Schwarz direkt in das entsprechende Feld und mischen die Farbe mit der Candle-Pen-Spitze.

Nach dem Trocknen setzen Sie die Finelinerspitze auf den schwarzen Candle-Pen, ziehen damit die Konturen nach und fügen den Schriftzug ein.

Bärchen

Kerzen sind in verschiedenen Tierformen und unterschiedlichen Größen im Handel erhältlich. Die hier dargestellten Bärchen mögen Ihnen als Ideenvorlage dienen. Gestalten Sie sie je nach Anlass in unterschiedlichen Outfits. Lassen Sie Ihrer Fantasie freien Lauf!

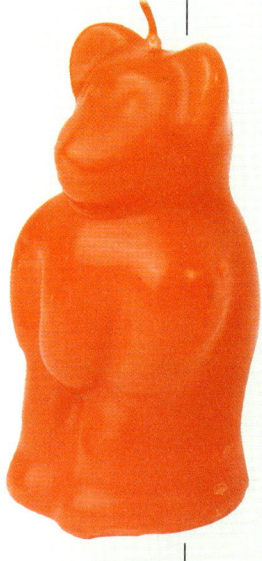

• Tipp •

Um das Bikini-Oberteil der Bärendame plastischer erscheinen zu lassen, wurde die Farbe in mehreren Schichten aufgetragen.

Kerzenschein und Musik

Neben der originellen Bemalung verleiht hier auch die ungewöhnliche Form der Kerze den richtigen Schwung!

Das wird gebraucht

weiße, konische Kerze (12 cm hoch)
Candle-Pen in Weiß, Schwarz, Gold
Tupfschwamm
Glitzer in Gold
Finelinerspitze
Zahnstocher

So wird's gemacht

Spritzen Sie fünf Teile Weiß und ein Teil Schwarz auf ein Stück Alufolie und vermischen Sie die Farbe sorgfältig mit dem Zahnstocher. Betupfen Sie die Kerze mit der Mischung und lassen Sie sie trocknen.

Beginnen Sie mit der Klaviertastatur. Dazu malen Sie mit Weiß einen 9 x 3 cm großen Streifen auf die Kerze. Nach dem Trocknen setzen Sie die Finelinerspitze auf den schwarzen Candle-Pen und malen die Klaviertastatur auf.

Um die Tastatur herum tupfen Sie etwas Gold. Anschließend werden mit dem schwarzen und mit dem goldfarbenen Candle-Pen noch einige Noten und Violinschlüssel hinzugefügt, wobei auf die goldenen zusätzlich etwas Glitzer gestreut wird.

Auf Wunsch lackieren.

● Tipp ●

Die Teelichter auf dem Foto wurden mit dem goldenen und antikgoldenen Candle-Pen bemalt

Regenbogenkerze

Für diese farbenfrohe Kerze benötigen Sie ein paar mehr Candle-Pens, aber es lohnt sich!

Das wird gebraucht

weiße Kerze (24 cm hoch, 5 cm Ø)
Candle-Pen in Gelb, Orange, Rot, Violett,
   Blau, Grün, Schwarz
Verzierwachsband in Gold
Rundpinsel (Stärke 4)

So wird's gemacht

Teilen Sie die Kerze mit dem Verzierwachsband vom Docht bis zum Fuß in zwei Hälften.

Dann tupfen Sie etwas Gelb auf ein Stück Alufolie und fangen mit dem Pinsel unten an der Kerze an zu malen. Nach und nach mischen Sie die anderen Farben hinzu.

Auf der anderen Seite der Kerze verfahren Sie genauso, fangen aber oben mit Gelb an.

Ranken für jede Jahreszeit

Florale Muster eignen sich für jede Kerzenform, passen zu allen Gelegenheiten und sind besonders als blaue Variante auch im Winter passend.

Vorlagen siehe Vorlagenbogen

Schlank und elegant

Das wird gebraucht

2 schlichte weiße Haushaltskerzen
   (18 cm hoch)
Candle-Pen in Weiß und Blau

● Tipp ●

Haben Sie einen Kerzenständer mit einem schönen Motiv? Dann pausen Sie es mithilfe von Transparentpapier ab und übertragen es mit der Kerzentransfertechnik (siehe Seite 4) auf Ihre Kerzen.

So wird's gemacht

Diese normalen Haushaltskerzen kosten im Supermarkt weniger als 0,50 DM pro Stück. Mit dem Candle-Pen können Sie daraus teuer wirkende Designerkerzen zaubern – passend zu Ihren Kerzenhaltern. Blaue Ranken wirken elegant und passen zu jeder Jahreszeit. Wer nicht einfach fröhlich drauflosmalen möchte, kann zum Beispiel die Rankenmuster von Seite 28 übertragen.

Dekorativ und standfest

(Kerze auf dem Foto Seite 27)

Das wird gebraucht

weiße Kerze (11 cm hoch, 5 cm Ø)
Candle-Pen in Weiß, Blau, Grün
Rundpinsel (Stärke 3)
Glitzer in Perlmutt

So wird's gemacht

Übertragen Sie die Konturen von der Vorlage oder malen Sie freihändig mit dem weißen Candle-Pen die Konturen der Blätter auf. Bestreuen Sie die Konturen mit Perlmuttglitzer. Nach dem Trocknen den überschüssigen Glitzer entfernen. Spritzen Sie etwas Blau und Grün auf ein Stück Alufolie und mischen Sie die Farben mit dem Pinsel. Füllen Sie die Innenflächen der Blätter aus und malen Sie die Stängel dazwischen.

Grünes Blättertreiben

Das wird gebraucht

apricotfarbene Kerze (9 cm hoch,
   5,5 cm Ø)
weiße Kerze (8,5 cm hoch, 6 cm Ø)
Candle-Pen in Rot, Grün, Hellgrün und
   Gelb
Serviette mit Efeumotiv
Serviettenkleber für Kerzen

So wird's gemacht

Für die Kerze mit den Efeuranken (auf dem Foto unten rechts) schneiden Sie das Motiv aus der Serviette aus und kleben es entsprechend der Anleitung auf Seite 4 auf. Umranden Sie die Blätter mit dem grünen Candle-Pen. Malen Sie damit auch die Punkte auf der Serviette nach und setzen Sie ein paar rote Punkte dazwischen. Auf die Oberseite der Kerze setzen Sie weitere Punkte. Nach dem Trocknen auf Wunsch lackieren.

Die Ranken der apricotfarbenen Kerze übertragen Sie von der Vorlage auf die Kerze (siehe Seite 4). Einfacher ist es allerdings, die Ranken freihändig aufzuzeichnen, da sie nicht akribisch den vorgezogenen Linien entsprechen müssen. Malen Sie mit dem grünen Candle-Pen die Konturen und füllen Sie die Blätter mit Hellgrün aus. Anschließend werden die Blätter mit dem Candle-Pen leicht marmoriert (siehe Seite 5). Zum Schluss werden die gelben und roten Punkte gesetzt – vergessen Sie nicht die Oberseite der Kerze!

Jugendstil-Ranke

Das wird gebraucht

cremefarbene, viereckige Kerze
  (22 cm hoch, 7 cm breit)
Candle-Pen in Gold, Rosa, Rot,
  Metallicblau, Hellgrün, Metallicgrün,
  Schwarz
Rundpinsel (Stärke 6)
Verzierwachsband in Gold

So wird's gemacht

Spritzen Sie das Metallicblau auf ein
Stück Alufolie und malen Sie mit dem
Pinsel einen etwa 1 cm breiten Rahmen
auf jede Seite der Kerze. Wenn die Farbe
trocken ist, fassen Sie jeden Rahmen in-
nen und außen mit dem Verzierwachsband ein. Nun übertragen Sie das Ran-
kenmotiv von der Vorlage auf die Kerze
(siehe Seite 4) und malen es wie auf
dem Foto zu sehen aus. Zum Schluss
ziehen Sie die Konturen mit dem
schwarzen Candle-Pen nach.

Für die Kerzen-Hauptsaison

Ob als origineller Adventskalender oder als weihnachtlich geschmückte Licht-quelle für lange Abende – aus der Ad-vents- und Weihnachtszeit sind Kerzen kaum wegzudenken.

Vorlagen siehe Vorlagenbogen

Adventskalender einmal anders

So wird's gemacht

Kleben Sie einen Streifen Verzierwachsband in Längsrichtung auf die Kerze.
Markieren Sie dann mithilfe des Lineals
1 cm große Abstände auf dem Verzierwachsband; benutzen Sie dazu einen
Zahnstocher.

Schneiden Sie anschließend von dem
Verzierwachsband 25 Stücke zu je 1,5 cm
Länge ab. Diese kleben Sie an jeder Mar-
kierung quer auf die Kerze, sodass Sie
insgesamt 25 Felder erhalten. Dabei
muss das unterste zur Aufnahme des
Textes größer ausfallen.

Anschließend kleben Sie den zweiten
Streifen Verzierwachsband parallel zu
dem ersten, um nun geschlossene Felder zu haben. Mit dem roten und dem
grünen Candle-Pen malen Sie abwech-
selnd die Felder aus.

Arrangieren Sie die Sticker mit den
Weihnachtsmotiven seitlich des vorge-
sehenen Kalendariums. Nach dem
Trocknen der Felder nummerieren Sie
diese von 1 bis 24 mit dem goldfarbenen
Candle-Pen. Das untere Feld können Sie,
wie auf der Abbildung zu sehen, beschriften. Die Felder in den Stickern malen Sie nach Ihren Vorstellungen mit
dem Candle-Pen aus.

Weihnachtssternkerze

So wird's gemacht

Übertragen Sie das Motiv von der Vorlage auf die Kerze (siehe Seite 4) und
malen Sie es, wie auf dem Foto zu sehen, aus. Für den oberen Teil der Kerze
spritzen Sie etwas goldene Farbe auf
ein Stück Alufolie und bemalen ihn mit
einem Pinsel. Am Fuß der Kerze malen
Sie in gleicher Weise einen Rand. Der
Übergang zur goldenen Farbe wird jeweils mit dem goldenen Candle-Pen
nachgezogen.

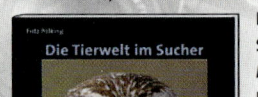

Die Deutsche Bibliothek –
CIP-Einheitsaufnahme

Ein Titeldatensatz dieser Publikation ist bei
Der Deutschen Bibliothek erhältlich.

Für Christine, Johannes, Markus, Lukas, Stefan und Caroline.
Dank der Firma Glorex/Hobbytime für die freundliche Unter-
stützung.

Besuchen Sie uns auf unserer Internet-Seite unter
www.augustus.de

Fotografie: Annette Hempfling, München
Lektorat: Melanie Gutschker, Augsburg
Umschlagkonzeption: Kontrapunkt Kopenhagen
Reihenkonzeption: Kontrapunkt Kopenhagen
Umschlag- und Innenlayout: Angelika Tröger

AUGUSTUS VERLAG, München 2001
© Weltbild Ratgeber Verlage GmbH & Co KG, München

Satz: Gesetzt aus 9,5 Punkt The Sans
von Angelika Tröger
Reproduktion: Repro Ludwig, Zell am See
Druck und Bindung: Offizin Andersen Nexö, Leipzig

Gedruckt auf 135 g umweltfreundlich chlorfrei
gebleichtes Papier.

ISBN 3-8043-0946-1
Printed in Germany